NOS MYTHOLOGIES
ÉCONOMIQUES

Pour Sylvie, mon enchantement

Prologue

« La fonction du mythe, c'est d'évacuer le réel. »

Roland Barthes, *Mythologies*

L'économie est devenue la grammaire de la politique. Elle encadre de ses règles et de ses usages la parole publique, dont le libre arbitre se cantonne désormais au choix du vocabulaire, de la rhétorique et de l'intonation. Le politique parle de nos jours *sous réserve* d'une validation économique, et on le rappelle promptement à l'ordre dès que son verbe prétend s'affranchir de la tutelle du chiffre. Or cette grammaire économique n'est ni une science ni un art, mais bien plutôt une mythologie, une croyance commune en un ensemble de représentations collectives fondatrices et régulatrices jugées dignes de foi, aussi puissantes que contestables.

Quelle est donc l'utilité de la mythologie économique? Qu'espère le politique en se soumettant à son empire? Il croit vraisemblablement en tirer l'autorité qui, de plus en plus, lui file entre les doigts. L'économie est devenue l'impératif social que ceux qui gouvernent ne sont plus capables d'imposer par la force ou la persuasion. La rhétorique économique – c'est sa fonction primordiale – dit « il faut » et «on doit » aux citoyens à la place d'un politique dont la parole ne porte plus. Elle ordonne, elle arbitre, elle tranche, bref elle donne l'assurance réconfortante qu'une solution existe à la complexité bien réelle du monde social.

Plus que jamais «lugubre», l'analyse économique se voit ainsi réduite à un culte de la fatalité, mettant en scène un univers pénible d'obligations, de contraintes, de refus, de

PROLOGUE

punitions, de renoncements et de frustrations. Elle répond invariablement « on ne peut pas » quand les citoyens disent « nous voulons ». Elle ravale les projets, les ambitions et les rêves à des questions faussement sérieuses : « combien ça coûte ? », « combien ça rapporte ? ». Elle signe la fin des alternatives alors que sa vocation est justement d'ouvrir dans le débat public l'éventail des possibles et d'énoncer non pas une sentence irrévocable, mais des options ouvertes et toujours négociables entre lesquelles elle n'a ni la vocation ni les moyens de trancher.

Du coup, qui veut paraître important de nos jours « fait l'économiste ». Dans un mélange particulièrement toxique d'idéologie et d'amateurisme, un nombre croissant de « commentateurs » dont la compétence est minuscule récitent sur un ton professoral et souvent comminatoire un catéchisme auquel ils ne comprennent à peu près rien. Peu importe, c'est de l'incantation : ils en appellent aux pouvoirs supérieurs de l'économie. Ils savent que

« parler l'économie » les placera du côté des forts, c'est-à-dire de ceux qui disent « non ». Et que peu oseront leur disputer leur autorité par procuration.

L'économie mythologique, nébuleuse de contes et de légendes à usage social, pollue donc le débat public. Mais elle empoisonne aussi l'esprit démocratique. Les pouvoirs contemporains se sentent obligés d'invoquer les mythologies économiques pour asseoir leur « crédibilité » et démontrer leur sérieux. Même les postures en apparence les plus éloignées des cercles de gouvernement (depuis longtemps « économisés ») se plient à la nouvelle injonction commune et ne parlent plus guère que d'économie. Ce faisant, tous ruinent leur crédit démocratique.

En somme, plus que jamais sans doute, la crédibilité économique dévore la légitimité politique. L'économie, c'est son paradoxe premier, est une mythologie qui désenchante le monde.

Fort heureusement, la contestation interne et externe de la « science économique » monte

PROLOGUE

en puissance, gagnant en visibilité dans le monde académique. Mais cette remise en question ne suffit pas. On pourrait même avancer qu'à mesure que la discipline économique se déconsidère et décline dans le champ du savoir, elle gagne en influence dans celui de la démocratie. Car le discours économique s'est emparé d'une zone intermédiaire entre le domaine scientifique et le débat politique : il s'est incrusté dans l'opinion publique, et c'est là qu'il faut aller le déloger pour le remettre à sa place.

Ce bref ouvrage espère donc à la fois immuniser les citoyens contre les mystifications économiques et désenvoûter les politiques de leur charme mortifère. Il se propose de déconstruire trois discours aujourd'hui dominants, parvenus à différents degrés de maturité, qui usent et abusent des mythes économiques et nous aveuglent du même coup sur les vrais défis de notre temps : le néolibéralisme finissant, la social-xénophobie émergente et l'écolo-scepticisme persistant. Car l'économie, c'est son second paradoxe, est une modernité dépassée : elle qui se veut une injonction permanente au changement et à la réforme, enferme les individus et les groupes dans le monde tel qu'il est en disqualifiant les dissidences et en étouffant les pensées nouvelles.

Ce livre ne prétend pas rétablir la raison économique contre l'économie mythologique : il n'y a pas de vérité en économie. Il n'y a que des hypothèses en amont et des choix en aval, et, entre les deux, dans le meilleur des cas, une méthode et des instruments robustes. En revanche, il veut redonner au lecteur le goût du questionnement économique, dont la disparition progressive est lourde de menaces pour notre débat démocratique.

1
La mythologie néolibérale

Qu'est-ce que le néolibéralisme ? On identifie souvent en France ce discours économique aux années 1980 et à l'influence « anglo-saxonne » croisée de Ronald Reagan et de Margaret Thatcher, main dans la main au-dessus de l'Atlantique pour en finir avec l'URSS, dans une offensive idéologique qui annonçait la grande solitude du capitalisme mondialisé d'après la chute du mur de Berlin. C'est oublier que les idées néolibérales se sont cristallisées dans un système institutionnel dont nous sommes responsables, celui de l'Union européenne, laquelle s'est construite dans les années 1990 à la fois contre la pensée keynésienne et contre l'État-providence. Le néolibéralisme, qui aura jonché les années 2000 de crises multiples aux États-Unis et en Europe, est certes en bout de course, mais il a de beaux restes: c'est qu'il s'est insinué dans les esprits comme le discours économique normal, celui dont la contestation relève de la déviation, si ce n'est de la déviance.

Or, comme tous les fondamentalismes, le fondamentalisme de marché qui sous-tend la rhétorique néolibérale repose sur une morale simpliste. Son escamotage idéologique consiste à occulter le rôle primordial des institutions sociales (régulations, services publics, redistribution, protection sociale) dans la prospérité occidentale pour réduire celle-ci à un absolu mercantile qui n'a jamais existé: des marchés sans foi ni loi, des systèmes d'innovation et de production opprimés et réprimés par les systèmes de redistribution, un État dont la raison d'être serait d'empêcher par tous les moyens possibles le dynamisme économique. Tout cela n'est que chimère.

Le néolibéralisme apparaît en fait comme un archéo-libéralisme renvoyant la pensée et la politique économiques à leurs balbutiements du XVIIIᵉ siècle, et les sociétés à la préhistoire sociale. Or, si Adam Smith mérite le titre de père fondateur de la pensée économique moderne, c'est parce qu'il a libéré l'économie de la morale, pas de la politique. C'est Karl Polanyi qui a le mieux décrit cette interdépendance existentielle entre puissance publique et forces marchandes dont les mythes économiques qui sous-tendent le néolibéralisme refusent à dessein l'évidence. Tentons de les déconstruire.

Une économie de marché dynamique repose sur une concurrence libre et non faussée

Le néolibéralisme connaît deux modalités fondamentales : il met alternativement en scène une économie asphyxiée par les régulations publiques et un État submergé par des marchés tout-puissants. Ces deux visions en

apparence contradictoires sont aussi mytho-
logiques l'une que l'autre : le marché n'existe
que parce qu'il est régulé, et l'État en tire précisément sa puissance. Le « partenariat public-
privé », aujourd'hui présenté comme un outil
particulièrement innovant de gestion publique,
est en réalité la définition la plus simple de l'économie de marché. La vraie question, occultée
par l'écran de fumée mythologique, est ailleurs :
qui assume les risques et les coûts de l'économie de marché ? Qui en possède les rentes ?

Considérons d'abord le premier mythe, qui
oppose l'innocence du marché spontané à la
contrainte de l'État oppresseur. Un marché est,
à l'évidence, un ensemble de règles du jeu. Or
qui, en dehors de la puissance publique, peut
créer, imposer et administrer ces règles ? Cette
création publique du marché peut assurément
prendre différentes formes. Elle peut se faire
par commission ou par omission : chaque règle
engendre en effet des incitations économiques
voulues (le respect des contraintes) et indési-
rables (leur contournement). Mais personne

LA MYTHOLOGIE NÉOLIBÉRALE

d'autre que la puissance publique n'est en mesure de créer des marchés.

L'État français en est ainsi un créateur conscient et inconscient. Par exemple, il régule délibérément le marché du transport (train, avion, routes), mais, du fait de sa politique de subvention aux énergies fossiles, il favorise plus ou moins consciemment certains acteurs plutôt que d'autres – notamment, depuis le milieu des années 1980, le transport aérien par rapport au transport ferroviaire et, plus récemment, le transport par autocar par rapport au rail. De ce fait, il est incohérent de reprocher au transport ferroviaire son manque de compétitivité, comme l'a récemment fait la Cour des comptes, puisque celui-ci doit moins aux erreurs de stratégie commerciale de la SNCF qu'à la régulation publique de l'énergie et à l'avantage économique conféré à l'avion et à la route par la puissance publique.

Le commerce international obéit à la même logique : échanger des biens et des services revient à échanger des droits et des règles. Le marché unique européen, premier marché du monde, a ainsi été consolidé depuis le début des années 1960 par un acteur majeur, mais souvent méconnu : la Cour de justice de l'Union européenne. Par ses décisions, cette haute cour européenne a accéléré l'intégration commerciale entre les États membres en favorisant le rapprochement de leurs arsenaux juridiques. Il est donc faux de se représenter notre mondialisation comme relevant du « libre-échange » : si l'échange international existe, c'est parce que les régulations publiques le rendent possible. De fait, l'Union européenne est aujourd'hui simultanément la région du monde où le commerce est le plus régulé et celle où il est le plus développé (le marché unique européen représente à lui seul un tiers de ce que l'on nomme la « mondialisation »). Plus la régulation publique est forte, plus les marchés sont dynamiques. On voit bien ce paradoxe à l'œuvre dans les négociations actuelles, complexes et opaques, sur les traités commerciaux transatlantique et transpacifique : pour libéraliser, il faut réguler !

LA MYTHOLOGIE NÉOLIBÉRALE

Le cas extrême de la Chine nous permet de comprendre l'imbrication des logiques publique et privée : le mélange improbable de capitalisme débridé et de communisme arbitraire que l'on y voit à l'œuvre nous montre bien, en miroir, ce que notre double croyance française en un marché opprimé et en un État asservi peut avoir d'illusoire. C'est l'État chinois qui a décidé du tournant capitaliste en 1978 et en a contrôlé chaque étape jusqu'à aujourd'hui, pour en tirer une puissance inédite.

La régulation publique du marché, revenons-y, prend donc deux formes : l'intervention et la non-intervention, cette dernière étant souvent le pouvoir le plus puissant, à défaut d'être le plus visible. La fiscalité est certes un instrument majeur d'intervention publique, mais l'absence de fiscalité oriente tout autant, sinon davantage, les comportements individuels. En France, le travail est lourdement taxé (pour financer les services publics et sociaux souhaités par les Français), ce qui peut décourager certaines décisions économiques, mais cette ingérence n'est rien face à l'encouragement des pollutions de toute sorte qui résultent de la très faible fiscalité pesant sur l'usage des ressources naturelles. Si ces pollutions n'étaient pas subventionnées comme elles le sont, les consommateurs devraient en acquitter le véritable prix, et notamment payer le coût réel de l'extraction des ressources naturelles (dont le dommage environnemental se fait sentir en France et encore plus à l'étranger) ainsi que leur usage souvent dommageable pour la santé (car source de pollutions locales et globales). Ce coût prohibitif, s'il n'était pas amorti par la puissance publique, aurait tôt fait de stimuler puissamment les comportements écologiquement responsables et la recherche d'alternatives économiques. La puissance publique peut certes encourager l'innovation, mais beaucoup plus sûrement encore la décourager.

Cela nous amène à un point essentiel: les promoteurs du prétendu « libre » marché ne réclament absolument pas la fin de l'intervention publique dans l'économie, ils demandent

LA MYTHOLOGIE NÉOLIBÉRALE

simplement que celle-ci soit détournée en leur faveur! En France, le Medef est parvenu ces dernières années à convaincre le gouvernement à la fois du caractère insupportable de l'intervention publique et de la nécessité absolue d'un transfert historique de cotisations sociales de 40 milliards d'euros des entreprises vers les ménages. Aux États-Unis, les milliardaires les moins scrupuleux (comme les frères Koch, qui possèdent aujourd'hui un véritable empire industriel) se sont faits un devoir de propager par tous les moyens le mythe de la libre concurrence tout en bénéficiant pour leur plus grand profit de centaines de millions de dollars d'exonérations d'impôts qui ne sont rien d'autre que des subventions publiques payées par les contribuables aux propriétaires de capital. Le « modèle économique » de ces « entrepreneurs » consiste à se spécialiser dans la captation des subventions publiques.

Le pendant de ce mythe du marché martyrisé met en scène un État impuissant, ligoté tel Gulliver par des marchés, notamment financiers, d'autant plus redoutables qu'ils sont désormais mondialisés. Croire en cette fable, c'est oublier le rôle central joué par la puissance publique dans la libéralisation financière des dernières décennies et le gain considérable qu'elle en retire au quotidien. Le cas français est particulièrement éloquent. C'est la puissance publique, en l'occurrence d'obédience socialiste, qui a organisé dans les années 1980 la libéralisation des marchés financiers, sur le territoire français et, par contrecoup, sur le continent européen, dans le but de financer sa dette publique sur des marchés ainsi rendus plus « profonds ». La mystification est complète lorsque, trente ans plus tard, l'État français, à nouveau d'obédience socialiste, entend réduire sa dette publique et sabrer dans les dépenses sociales au nom d'impératifs qui lui seraient imposés par les marchés financiers !

S'il y a impuissance publique, elle est volontaire et réversible à tout moment. Certes, la finance est mondialisée et la dette française est en partie détenue par des investisseurs

LA MYTHOLOGIE NÉOLIBÉRALE

étrangers, mais le pouvoir d'attraction de la France est considérable (comme le montre l'ampleur des investissements directs internationaux dans le pays). C'est parce que sa dette est désirée par les investisseurs du monde entier que le gouvernement français tient bel et bien entre ses mains son destin économique, qu'il a choisi de partager avec ses partenaires européens, sans que personne l'y oblige.

De la même manière, la «crise» n'est en rien une illustration de l'impuissance de l'État, mais au contraire une saisissante révélation de sa toute-puissance: comme on l'a vu à l'automne 2008, notre système économique, sans la signature de l'État et sa garantie publique, se serait effondré en quelques semaines. La véritable question, ici comme ailleurs, est celle de la répartition des coûts: qui paie pour cette garantie apportée par l'État aux acteurs de l'économie, en priorité financiers, en période de récession? Et pourquoi cette garantie ne bénéficie-t-elle pas ou plus aux autres acteurs du système économique, à commencer par les salariés?

Derrière la question des coûts se cache donc celle des risques, et il semble bien que nous soyons passés en la matière, tandis que la mythologie économique faisait écran, d'une assurance sociale apportée aux travailleurs par la puissance publique (emploi, salaires, conditions de travail), de l'après-guerre jusqu'aux années 1980, à une garantie financière apportée aux banques et aux investisseurs depuis lors. La puissance économique de l'État est parfaitement intacte, elle a simplement été mise au service d'une autre cause que le progrès social.

Un lieu incarne plus que tout autre, dans le capitalisme contemporain, la force de ces mythes économiques qui parviennent à oblitérer le réel: la Silicon Valley, dans la région de San Francisco. Le nom de ce berceau de l'Internet et du capitalisme high-tech est en soi un mythe, puisqu'il ne s'agit pas à proprement ment d'une vallée et qu'elle ne contient pas la moindre trace de silicium! Surtout, la Silicon

LA MYTHOLOGIE NÉOLIBÉRALE

Valley est révérée et célébrée dans le monde entier comme le temple du génie entrepreneurial, mêlant, loin de toute régulation étatique, esprit d'innovation, contre-culture créative et liberté de s'enrichir sans entrave, alors que la réalité est bien différente : la Silicon Valley est un pur produit du capitalisme public.

C'est l'investissement massif du Pentagone dans cette région pendant et surtout après la Seconde Guerre mondiale qui a permis à la recherche de s'y développer via les grandes universités publiques et privées, et de faire prospérer économiquement les innovations numériques. Et si les entreprises de la Silicon Valley génèrent aujourd'hui des profits considérables, c'est notamment parce qu'elles ont appris à engranger les subventions publiques tout en contournant la législation fiscale, en investissant des centaines de millions de dollars non seulement dans l'innovation technologique, mais aussi dans l'ingéniosité fiscale, qui leur permet d'échapper à 90 % de l'impôt qu'elles doivent. La dernière génération de start-ups dans la Valley n'échappe pas à la règle : ce que l'on nomme souvent en France, avec admiration, l'« ubérisation » de l'économie n'est rien d'autre qu'un capitalisme de passager clandestin qui exploite habilement les failles de la régulation publique et repose sur la monétarisation des activités gratuites, la mobilisation du capital non marchand et, de manière générale, l'expansion de la sphère marchande sur la sphère privée (temps de loisir remplacé par du temps de travail, véhicule privé transformé en véhicule professionnel, logement privé transformé en résidence commerciale, etc.). La véritable question s'agissant de ce modèle économique est double : est-il vraiment efficace à moyen terme ? Est-il politiquement légitime ?

Pour comprendre l'inefficacité foncière du capitalisme de passager clandestin, on peut recourir à la métaphore des routes de la Silicon Valley : la Californie est à la fois l'État américain dans lequel il est le plus difficile d'augmenter les impôts (pour des raisons législatives) et

LA MYTHOLOGIE NÉOLIBÉRALE

un de ceux où le nombre de véhicules automobiles privés est le plus important. Résultat : les routes sont en piteux état. Pour le dire de manière lapidaire, les Californiens investissent dans leur voiture, mais pas dans leurs routes. Et cette stratégie individualiste se révèle de plus en plus contre-productive. Les routes sont cabossées et congestionnées, et même les Californiens les plus riches en souffrent : quel que soit le luxe de leur véhicule ils se retrouvent bloqués comme les autres dans d'interminables embouteillages. Certes, la capitalisation boursière des cent plus riches entreprises de la Silicon Valley s'élève à 3 000 milliards de dollars, mais cette richesse ne profite qu'à une poignée de dirigeants et de cadres, masculins et blancs à 95 %. En réalité, la Californie « siliconée » s'appauvrit : les écoles et les universités publiques s'étiolent inexorablement, la spéculation immobilière fait exploser la pauvreté dans les grandes métropoles comme San Francisco, les infrastructures de transport (routes mais aussi ponts) se dégradent.

Mais ce modèle économique pose une question encore plus fondamentale : la privatisation des biens publics est-elle légitime quand elle s'accompagne d'une sécession fiscale ? Cette interrogation est au cœur du mythe suivant.

Il faut produire des richesses avant
de les redistribuer

Une vision faussement naïve de notre système économique s'est répandue qui veut que la société civile et les entrepreneurs créent une richesse que l'État redistribue selon son bon vouloir aux « assistés » sociaux. Ce discours à la fois élitiste et condescendant fait commodément abstraction des conditions sociales de la création de richesse. Les entrepreneurs ne viennent pas à la vie dans un monde économique qu'ils inventent en même temps que leurs produits et services. Ils bénéficient d'infrastructures de toute sorte financées par la collectivité et sans lesquelles l'innovation resterait à jamais au stade de l'imagination : systèmes de formation, routes, ponts, institutions juridiques, mécanismes de financement, confiance sociale, etc., forment ce que l'on pourrait appeler l'écosystème de la création de valeur économique.

Comme ces biens communs ont un coût, le système de financement fiscal et social constitue la condition et le soubassement de toute activité entrepreneuriale. Ici aussi, la question est de savoir si les entreprises et leurs dirigeants paient leur juste part d'un effort collectif dont ils tirent à l'évidence un avantage considérable, ou s'ils se contentent de privatiser le patrimoine commun à leur profit sans contribuer à son entretien ni à son renouvellement. Tout indique qu'un certain nombre de fortunes mondiales, comme celle de « l'homme le plus riche du monde », le Mexicain Carlos Slim, doivent beaucoup à cette dernière logique. Ne pas payer ses impôts et ne pas rémunérer le travail sont deux « modèles économiques » particulièrement prisés du capitalisme de passager clandestin.

Au-delà même de ces conditions sociales de la création de valeur, il faut s'interroger sur la primauté donnée, dans l'économie mythologique, à la production sur la répartition. Et si la crise contemporaine des inégalités finissait par anéantir le dynamisme économique? Et si, en d'autres termes, il fallait complètement renverser la logique de l'argumentation mythologique pour montrer que c'est la répartition des richesses qui conditionne les possibilités du développement économique?

Pour des générations d'économistes, le «grand dilemme» entre efficacité et égalité postulé par Arthur Okun demeure la référence intellectuelle consciente ou inconsciente. Le schéma de pensée qui émergea de son ouvrage de 1975 veut que les inégalités soient un mal nécessaire pour atteindre l'efficacité économique: «La poursuite de l'efficacité crée nécessairement des inégalités. Et ainsi la société est confrontée à un arbitrage entre égalité et efficacité*.»

* Arthur Okun, *Égalité vs efficacité. Comment trouver l'équilibre?*, Paris, Economica, 1982.

LA MYTHOLOGIE NÉOLIBÉRALE

Comme c'est parfois le cas, la traduction de cet ouvrage a conduit à une perte de sens : le mot *trade-off* (dilemme, arbitrage) est devenu dans l'édition française « équilibre ». Or le point clé de l'analyse est la séparation et la hiérarchisation des enjeux d'efficacité et d'égalité. Okun est en cela fidèle à l'analyse néoclassique la plus conventionnelle, développée au début du siècle par Pareto : une politique économique doit d'abord viser l'efficacité économique, dont découlera naturellement, dans le cas idéal, la redistribution (c'est le « premier théorème du bien-être » du corpus néo-classique), cette dernière pouvant en tout état de cause faire l'objet d'un traitement compensatoire séparé. On retrouve bien cette logique dans l'idée développée à la fin des années 1990 dans les cercles économiques de la gauche française du « socialisme de production » : l'efficacité bien pensée engendre naturellement l'égalité, l'erreur absolue (le « socialisme de redistribution ») consistant à se soucier soit d'abord des enjeux de répartition, soit simultanément des enjeux d'efficacité et d'équité.

La recherche économique de ce début de XXIᵉ siècle, nourrie par de très nombreux travaux empiriques, remet complètement en cause cette idéologie de l'efficacité naturellement juste : les inégalités sont non seulement injustes, mais elles sont tout autant inefficaces. Elles provoquent des crises financières. Elles substituent la rente à l'innovation. Elles empêchent l'essor de la santé et de l'éducation. Elles figent les positions sociales. Elles paralysent la démocratie. Elles aggravent les dégradations environnementales et nourrissent les crises écologiques.

L'image du « seau percé » proposée par Okun pour disqualifier les politiques de redistribution* peut être exactement inversée : les inégalités sont autant de trous percés dans le seau

---

* Chaque politique de redistribution, comme l'impôt sur le revenu en France, serait comme un trou percé qui laisserait s'échapper un peu de dynamisme économique : au final, selon Okun, le seau parvient vide à la population, l'équité ayant tué l'efficacité.

de l'efficacité ; dès lors, il ne sert à rien de remplir celui-ci, car son contenu ne parvient plus jusqu'aux citoyens. C'est ce qui explique qu'aujourd'hui, aux États-Unis, 2 % de croissance du PIB se traduisent dans les faits par une décroissance du revenu pour 90 % de la population : entre l'accroissement du PIB et les revenus effectivement distribués à la très grande majorité des Américains s'interposent les « fuites » du pouvoir de la finance, de l'inégalité salaire-profit et de l'accaparement des richesses par les individus parvenus, à l'aide de moyens largement publics, au sommet de l'échelle des revenus.

Les inégalités peuvent donc être considérées comme « inefficaces » au sens où elles entravent le dynamisme économique, le développement humain et le développement soutenable. Les études empiriques ne manquent pas qui démontrent non seulement que les inégalités sont très coûteuses socialement, mais que de surcroît les réduire ne coûte quasiment rien. La politique publique qu'il faudrait suivre ne fait donc guère de doute! Parmi de multiples exemples, citons le domaine de l'éducation en France et celui de la santé aux États-Unis. Dans le cas français, on sait désormais que c'est l'ampleur des inégalités scolaires qui explique la faible performance d'ensemble des élèves aux tests internationaux. Les inégalités plombent l'efficacité de l'école française. Quant au cas américain, il prouve que davantage d'égalité sanitaire conduit à une baisse des coûts : l'accroissement du nombre de personnes bénéficiant d'une assurance maladie à la suite de la réforme décidée par Barack Obama (près de 20 millions à ce jour) a engendré un ralentissement inédit et substantiel des dépenses de santé. L'égalité est économe!

Attention néanmoins à un grave contre-sens, fort répandu : il ne faut pas chercher à réduire les inégalités parce qu'elles entravent la croissance économique. Cette vision purement instrumentale de la justice sociale subordonne celle-ci à un objectif qui n'est qu'intermédiaire, la croissance du PIB. C'est du fait de leur effet néfaste sur les objectifs sociaux finaux que sont le bien-être des personnes et la soutenabilité des sociétés qu'il importe de combattre les inégalités.

On a tenté jusqu'ici de déconstruire deux mythes économiques primaires : l'opposition entre le marché et l'État, et la prééminence de la production sur la redistribution. Restent à dissiper plus brièvement trois mythes secondaires qui en découlent : la nécessité de gérer l'État avec des règles privées, l'insoutenabilité existentielle des régimes sociaux et le commandement suprême des « réformes structurelles ».

L'État doit être géré comme un ménage, l'État doit être géré comme une entreprise

La différence fondamentale entre l'État d'une part et les entreprises et les ménages de l'autre n'est pas que le premier serait par essence plus avisé dans la gestion de ses ressources : il lui arrive, comme on ne le sait hélas que trop bien en France, de commettre des erreurs et des fautes dont le coût pour la collectivité peut être très lourd. Mais l'État a pour lui d'être durable. C'est parce qu'il a pour mission de garantir dans le long terme la cohésion sociale au sein des frontières nationales qu'il doit échapper aux horizons temporels, par définition finis, des familles et des entreprises. En tentant de river la puissance publique (au plan national et local) aux horizons réduits de la comptabilité privée sous la pression de la crise actuelle des finances publiques, on va l'affaiblir (c'est parfois précisément ce que l'on cherche), mais on prend surtout des risques considérables avec la stabilité du système social.

On le fait d'abord, en tarissant l'investissement public. La rentabilité de celui-ci doit obéir à des règles de comptabilité différentes de celles de l'investissement privé, non pas parce que les investisseurs publics sont fondamentalement plus intelligents que les investisseurs privés, mais parce que leur objectif est collectif

LA MYTHOLOGIE NÉOLIBÉRALE

et leur horizon de temps plus long. La puissance publique doit continuer d'investir même si sa situation financière est difficile, surtout si les taux d'intérêt sont historiquement bas, comme c'est le cas actuellement. C'est le fait de ne pas investir qui, dans ces conditions, constitue une faute de gestion.

Cela n'affranchit nullement l'État, les collectivités territoriales ou les hôpitaux d'une réflexion approfondie sur la qualité et les finalités de leurs dépenses d'investissement ; bien au contraire, c'est précisément leur raison d'être. Malheureusement, cette question de l'utilité sociale passe souvent à l'arrière-plan, tandis que des considérations narquoises sur la « gabegie publique » ou la « fraude généralisée » amusent la galerie. Et pourtant, cette question de l'utilité sociale ne manque pas d'intérêt. Est-il socialement utile, par exemple, que les collectivités locales françaises cofinancent des stades de football dont les bénéfices reviennent très largement à des clubs privés, alors même que la baisse de leurs dotations les empêche d'investir dans des infrastructures de développement humain ô combien nécessaires, comme les crèches ou les universités?

L'autre raison fondamentale pour laquelle l'État ne doit pas être géré comme un ménage ou une entreprise est davantage conjoncturelle et tient aux situations de crise économique: l'État ne doit surtout pas se « serrer la ceinture », comme le pense l'opinion commune, au moment où tout le monde fait de même dans l'économie, au nom d'on ne sait quel devoir d'exemplarité. Quand il le fait, il transforme, les phases de récession économique en dépression sociale, et prolonge inutilement les phases de stagnation, ce dont tous les autres agents économiques finissent par pâtir. C'est l'erreur fondamentale qui a été commise par les partisans des politiques d'austérité menées en Europe à partir de 2010. Elles ont tout bonnement oublié que, comme le dit l'économiste Paul Krugman, dans une économie de marché « ta dépense fait mon revenu* ». Autrement dit, quand toutes les dépenses privées se tarissent sous l'effet de la crise, la restriction de la dépense publique devient une aberration économique, car elle ajoute encore au marasme au lieu de contre-carrer la pente dépressive. Quand l'austérité publique s'ajoute à l'austérité privée, le désastre économique est assuré !

Enfin, il est frappant de constater que ceux-là mêmes qui souhaitent que les principes de gestion privée s'appliquent à la puissance publique lui refusent le bon sens économique qui veut qu'elle possède un actif en face de son passif. Or les actifs de la puissance publique sont, en France notamment, substantiels (l'Insee évalue le patrimoine des seules administrations publiques à 550 milliards d'euros), et il est tout simplement absurde d'en faire abstraction pour dénoncer la « faillite » d'un État jugé à la seule aune de sa dette, comme on

---

* Paul Krugman, *Sortez-nous de cette crise... maintenant!*, traduction d'Anatole Muchnik, avec la collaboration d'Éloi Laurent, Paris, Flammarion, coll. « Champs », 2013.

ne le ferait pour aucune entreprise. D'autant plus que, dans sa dimension sociale, la dette publique correspond à des actifs qui ont pour nom l'éducation, la santé ou le logement. Mais la rhétorique de la «crise de l'État» a ses raisons idéologiques.

Les régimes sociaux sont financièrement insoutenables

On annonce l'effondrement des régimes sociaux avec un tel renfort de tambours et trompettes depuis trente ans que l'on se demande comment ils tiennent encore debout! La réponse est toute simple : leur solidité économique est à cent lieues de la caricature qu'on en fait dans le débat public. Non, les régimes de retraite par répartition ne sont pas des «pyramides de Ponzi», «arnaques» financières insoutenables montées en vue de détrousser les derniers arrivés en les payant avec le capital des premiers souscripteurs, et

LA MYTHOLOGIE NÉOLIBÉRALE

qu'il faudrait s'empresser de privatiser pour les confier aux sagaces marchés financiers. Quiconque a prêté attention ne serait-ce que de manière distraite à la longue chronique des crises boursières des trente dernières années et au fonctionnement de la finance contemporaine conviendra que nous sommes là en pleine mythologie intéressée. Les régimes sociaux ne sont certes pas exempts de déséquilibres financiers, mais ils sont infiniment plus robustes que les marchés d'actions, sans parler des produits financiers dérivés...

Il est en revanche juste de souligner la sensibilité des régimes sociaux à la conjoncture macroéconomique de court terme, comme le montre l'évolution de la dette sociale en France au cours du dernier quart de siècle : on y voit nettement la trace laissée par les récessions du début des années 1990 et de la fin des années 2000. Mais il faut aussi dire alors que, dès que l'activité économique repart, les comptes sociaux retrouvent leur équilibre et parfois même connaissent d'importants excédents, comme à la fin des années 1990 en France. L'évolution des comptes sociaux depuis 2009 dans notre pays illustre bien cette dynamique : d'abord lourdement déficitaires, ils sont en passe de revenir vers l'équilibre (le déficit des comptes sociaux, creusé par la récession jusqu'à 22 milliards d'euros en 2010 a été divisé par deux pour s'établir au voisinage de 11 milliards en 2015 et les quatre branches de la Sécurité sociale devraient devenir excédentaires de près de 2 milliards d'euros en 2019). Le régime général des retraites, sous l'effet d'une très légère amélioration de l'emploi, est aujourd'hui en excédent... Il n'y a donc aucune fatalité financière qui condamnerait les régimes sociaux à plus ou moins brève échéance, de même que rien n'oblige les pays qui en ont fait le choix à sacrifier la mutualisation des dépenses sociales sur l'autel de la compétitivité économique.

LA MYTHOLOGIE NÉOLIBÉRALE

*Les « réformes structurelles » visant à augmenter
la « compétitivité » sont la clé de notre prospérité*

Le thème des « réformes structurelles » ou des « réformes de structure » occupe beaucoup les esprits en France et va sans doute encore plus attirer l'attention au cours de la période électorale qui s'ouvre : la mythologie veut ici que le pays s'enfonce dans la médiocrité faute de réformes « courageuses » qui permettraient d'accroître la « compétitivité » de l'économie. Ce mythe des réformes structurelles est largement partagé parmi les responsables politiques, issus de la majorité comme de l'opposition, les premiers y trouvant argument pour excuser leurs échecs (seules les réformes structurelles feront vraiment reculer le chômage), les seconds pour justifier leurs ambitions (le gouvernement actuel est incapable de réformer le pays en profondeur).

Premier problème de ce discours : personne ne définit jamais la fameuse compétitivité qu'il s'agit de stimuler. S'agit-il du coût du travail, de la productivité horaire, de la qualité de la main-d'œuvre, de la qualification des travailleurs? C'est toute la question, car ces différents indicateurs reposent sur des diagnostics dissemblables et dessinent des stratégies de développement dissemblables. La productivité horaire française est déjà très élevée : veut-on l'augmenter encore? Mieux former les salariés français a un coût qu'il faudra financer au moyen de prélèvements sociaux que l'on dit par ailleurs vouloir diminuer. L'idée de réformes structurelles sur lesquelles « tout le monde est d'accord » et qu'il suffirait de parvenir à vendre à un peuple ignare est donc un mythe dans le mythe.

Si l'objectif est de réduire la « compétitivité » au coût du travail et d'engager des « réformes structurelles » pour faire baisser celui-ci en réduisant les droits sociaux, il s'agit là d'une stratégie économique de pays pauvre (les pays émergents eux-mêmes empruntent la direction inverse). Ce serait en outre ajouter encore à la logique non coopérative qui a ruiné le

LA MYTHOLOGIE NÉOLIBÉRALE

projet européen au cours des décennies qui ont suivi l'achèvement du marché unique en 1993. L'Union européenne est en effet la région du monde où la concurrence fiscale et sociale s'est le plus développée. Une alternative consiste à prôner une flexibilité accrue du marché du travail, en passant sous silence son hyperflexibilité actuelle, résultat de quantité de « réformes structurelles » passées (jusqu'à l'instauration de la récente « rupture conventionnelle », aujourd'hui largement utilisée). Aucune de ces réformes n'a pu durablement faire reculer le chômage ni la précarité sociale, qui se sont accrus à chaque choc macroéconomique mal anticipé et mal géré (à commencer par la récession de 2009, avant laquelle le chômage français s'établissait au voisinage de 7 %, avant de bondir autour de 10 %).

Cette thématique des réformes structurelles engendre une instrumentalisation des concepts économiques telle que ceux-ci finissent par signifier le contraire exact de ce qu'ils veulent dire. On vient de le voir pour la

47

« compétitivité », qui est le plus souvent une politique d'attrition qui détruit les avantages comparatifs au lieu de les renforcer, mais il en va de même pour les notions de « productivité » et « d'attractivité ».

Le développement de la productivité a visé, au cours de l'histoire des sociétés humaines, à économiser le nombre d'heures travaillées pour libérer du temps de loisir sans renoncer au bien-être matériel (un de ses indicateurs est la réduction du temps de travail, permise depuis des siècles par l'intelligence humaine). Mais dans la bouche des mythologues contemporains « effort de productivité » désigne désormais un allongement du temps de travail pour un salaire égal, autrement dit une régression sociale complète, à rebours du progrès humain, présentée comme un ajustement naturel aux contraintes économiques!

Idem pour « l'attractivité des territoires » (dont une des modalités est la concurrence fiscale) qui consiste à se préoccuper du bien-être des populations qui vivent à l'extérieur de

LA MYTHOLOGIE NÉOLIBÉRALE

l'espace dont les responsables locaux ont la charge et qu'ils entendent favoriser au besoin en sacrifiant le bien-être de leurs habitants (c'est bien ce qui arrive quand des subventions publiques, financées par les contribuables locaux, sont dilapidées pour grossir les profits d'entreprises dont on convoite l'installation et qui s'empressent de décamper à la première occasion). Au-delà de ces analyses, il convient de porter le regard plus loin. La question « structurelle » en France est en effet exclusivement considérée sous l'angle du niveau de vie, alors qu'elle invite à une réflexion plus large, qui mette en jeu le développement humain et l'évolution démographique à venir. La baisse relative du revenu par habitant en France par rapport à d'autres pays développés au cours de la dernière décennie (le Royaume-Uni par exemple), baisse qui nourrit chez certains responsables la peur d'un déclassement international, est bien réelle. Elle s'explique notamment par un choix de société consistant à réduire le temps de travail pour accroître la qualité de vie. Comme cette baisse du temps de travail n'est plus entièrement compensée par la très forte productivité horaire des Français, qui croît moins vite que par le passé, le niveau de vie relatif diminue (légèrement).

Mais, d'une part, la réduction du temps de travail, qui a permis de créer en France 350 000 emplois, correspond à un gain en bien-être que l'on ne peut pas considérer de manière exclusivement négative, comme une perte sèche économique. Et, d'autre part, l'évolution démographique attendue peut permettre de résoudre une partie de l'écart qui s'est formé entre revenu et bien-être. Selon les prévisions disponibles, la population active et les taux d'activité vont en effet augmenter en France au cours des prochaines années; si la puissance publique accompagne cette dynamique démographique favorable par une véritable politique de développement humain (en favorisant les politiques d'égalité en matière de santé et d'éducation) et des politiques macro-économiques judicieuses (qui anticipent et

LA MYTHOLOGIE NÉOLIBÉRALE

atténuent les chocs économiques au lieu de les aggraver), alors le volume de travail croîtra lui aussi. Autrement dit, les ressources démographiques de la France peuvent la porter dans les prochaines décennies (à l'inverse d'un pays comme l'Allemagne), à condition qu'elles soient valorisées. Le véritable enjeu « structurel » est là, caché à nos yeux par le discours mythologique, et il suppose de préserver notre modèle de développement plutôt que de le mettre en pièces tout en prétendant vouloir le sauver.

2
La mythologie social-xénophobe

Il ne fait hélas plus guère de doute que l'extrême droite connaît un regain de fortune en Europe en parvenant à instrumentaliser une angoisse identitaire ancienne, et même ancestrale, à la faveur d'une nouvelle crise sociale. De ce point de vue, le parallèle inquiétant avec les années 1930 est fondé. Mais une nouveauté fondamentale dans le discours xénophobe doit être soulignée : les extrêmes droites européennes ne prétendent plus seulement s'arc-bouter sur de fantasmatiques « identités nationales » qui découleraient de la « civilisation » occidentale, elles utilisent désormais

NOS MYTHOLOGIES ÉCONOMIQUES

l'attachement des Européens à leur modèle social comme une arme contre les étrangers, les immigrés et leurs descendants. C'est en cela que l'on peut qualifier leur idéologie de « social-xénophobe », au croisement du malaise identitaire et de la prospérité sociale.

On voit particulièrement clairement ce discours à l'œuvre depuis quelques années en France, en Italie, dans les pays nordiques et dans une partie de l'Europe centrale et orientale, mais aussi, bien qu'il occupe une position moins centrale dans le champ politique, au Royaume-Uni et en Allemagne. Cette rhétorique, qui s'est encore renforcée avec les élections européennes de 2014 et le matraquage médiatique autour de la prétendue « crise des migrants » de 2015, se veut froidement réaliste et, de plus en plus, crédible : paradoxalement, l'extrême droite reprend à son compte le discours de la rationalité économique cher à un « système » qu'elle n'a de cesse de dénoncer et qu'elle prétend démolir.

Ainsi, ce n'est pas seulement qu'il y aurait « trop d'immigrés » en Europe et en France,

54

LA MYTHOLOGIE SOCIAL-XÉNOPHOBE

c'est qu'il y aurait trop d'immigrés pour trop peu de ressources disponibles. C'est la générosité de notre modèle social qui attirerait les misérables du monde entier, alors même que ce modèle serait à l'agonie. C'est notre supposé déclin économique qui nous imposerait de réserver désormais aux « nôtres » les fruits déjà gâtés de notre prospérité finissante. C'est l'impossibilité d'intégrer socialement les générations antérieures de « migrants » qui nous commanderait une pause dans l'accueil de nouveaux arrivants, à qui nous ne pourrions offrir que des activités illicites ou criminelles, sources de discorde civile et de désordre politique. La France, épuisée par trop de générosité sociale, devrait se recroqueviller sur elle-même pour refaire ses réserves.

On perçoit immédiatement un paradoxe : nous serions à la fois trop riches pour ne pas devoir attirer et trop pauvres pour ne pas devoir refouler. Soit notre modèle social est à l'agonie et on se demande bien ce que peuvent lui trouver les immigrés du monde entier, soit il est robuste et on se demande au nom de quelle soudaine inhospitalité la France devrait fermer ses frontières.

Mais la dimension mythologique de la social-xénophobie va bien plus loin : le « débat » sur l'immigration et l'intégration est presque tout entier tourné, dans notre pays, vers des évolutions démographiques passées tout en négligeant leurs conséquences actuelles, ce qui nous empêche d'envisager les vrais défis futurs. L'économie mythologique nous aveugle ici sur la réalité présente en même temps qu'elle nous voile, à dessein, l'avenir.

Les flux migratoires actuels sont incontrôlables et conduiront sous peu au « grand remplacement » de la population française

Le mythe peut-être le mieux ancré dans le discours social-xénophobe veut que la mondialisation actuelle se distingue de toutes les périodes d'intégration économique antérieures par des flux migratoires considérables et incontrôlables. Disons-le d'emblée sans détour, c'est le contraire qui est vrai : alors que la période dite de « première mondialisation » (1870-1914) a connu des mouvements de population massifs, notamment de l'Europe vers les États-Unis, les migrants ne représentent dans notre mondialisation qu'environ 3 % de la population mondiale (230 millions de migrants pour 7 milliards d'habitants sur la Terre). Cela signifie que 97 % des habitants de la planète demeurent où ils sont nés (cette proportion étant stable depuis vingt-cinq ans). Les humains sont donc aujourd'hui infiniment plus sédentaires que nomades, ce qui ne fut pas toujours vrai. En revanche, bien entendu, la population de la planète a considérablement augmenté au cours du XXe siècle (d'un facteur 4), d'où une progression des migrations en volume. Mais elles ont bien diminué en proportion.

Pour ce qui est de la France, par comparaison avec la période de forte immigration des années 1960, les flux ont régressé non

NOS MYTHOLOGIES ÉCONOMIQUES

seulement en proportion, mais également en volume. Contrairement à la vulgate véhiculée par l'extrême droite et qui a contaminé une bonne partie des esprits conservateurs, et parfois même progressistes, les flux migratoires vers la France sont à un point historiquement bas : de l'ordre de 280 000 personnes par an, dont 80 000 d'origine européenne et 60 000 étudiants (dont un tiers environ ne restera pas en France). Ramenée à la population française, la proportion terrifiante de ces envahisseurs sur le sol national atteint 0,4 %*.

Selon le chiffrage de l'excellent démographe François Héran, ces entrées représentent environ trois fois moins que le nombre de naissances sur le sol français, lui-même alimenté par une contribution des immigrés dix-neuf fois inférieure à celle des autochtones. À ce rythme – celui des entrées et celui des naissances –, on pourra attendre encore longtemps

* C'est plus du triple pour un pays comme la Suisse et plus du double pour l'Australie.

58

le « grand remplacement » de la population gauloise par les hordes barbares au sang
impur : il est matériellement impossible.

En revanche, d'après les chiffres de l'Insee,
un « petit remplacement » a *déjà* eu lieu : la
population française est aujourd'hui pour un
cinquième soit immigrée, soit issue de l'immigration au terme d'un siècle d'évolution. Si au
début du XXe siècle la France comptait 3 % d'immigrés, cette part monte à 8 % avant la grande
fermeture des années 1930 pour se stabiliser à
7,5 % en 1975 et s'élever à 8 % aujourd'hui (en
2008). Cela fait donc près d'un siècle que la
proportion d'immigrés présents sur le sol français oscille entre 6 % et 8 %, et sa progression
au cours des quatre dernières décennies, censées marquer une rupture fondamentale, correspond à une fulgurante poussée de 0,5 point
de pourcentage !

Comme souvent, le discours mythologique
est un écran de fumée toxique : la vraie question nationale n'est pas l'insoutenabilité de
l'immigration actuelle, mais la défaillance de

l'intégration sociale des immigrés d'hier et de leurs enfants. Quelles chances la République a-t-elle données et donne-t-elle aux quelque 12 millions de Français immigrés ou nés en France d'un parent immigré? Comment la France cultive-t-elle la richesse d'une population devenue tranquillement diverse au cours du XXᵉ siècle?

L'immigration représente un coût économique insupportable

Le mythe du coût de l'immigration est à double tranchant, et il faut être prudent lorsqu'on tente de le démentir. Autant il importe de dissiper l'illusion selon laquelle les immigrés seraient un poids insupportable pour l'économie, autant on ne peut pas résumer l'immigration à un bénéfice ou à un coût financier, car ce serait déjà entrer dans la logique du discours d'inspiration xénophobe selon lequel les seuls immigrés acceptables

LA MYTHOLOGIE SOCIAL-XÉNOPHOBE

sont les immigrés « choisis » pour leur rentabilité, ceux qui contribuent davantage qu'ils ne coûtent à la communauté nationale et qui sont priés d'abandonner leur famille au seuil de leur pays d'accueil.

Ce que montrent les études menées notamment par l'OCDE dans les pays les plus développés de la planète est sans équivoque : les migrants sont en majorité jeunes, actifs et éduqués. Ils ont donc tendance à renforcer le dynamisme économique des pays où ils s'installent (au travers de l'innovation, de l'emploi, etc.), à rebours de la rhétorique de l'extrême droite. Ainsi, les deux tiers des immigrés qui arrivent en France chaque année en ce moment même possèdent un diplôme du secondaire, et cette proportion s'est accrue ces dernières années : c'est presque le double en proportion de la population française.

Il faut à la vérité, dans le cas de la France, renverser le mythe : ce n'est pas l'immigration, mais la non-intégration qui représente un coût économique considérable. Les discriminations sur le marché du travail sont massives dans notre pays : le taux de chômage pour les immigrés hors Union européenne est de 20 %, plus du double de celui des non-immigrés. Plus précisément, avec un niveau bac, les hommes immigrés ont un taux de chômage de 35 % supérieur aux hommes natifs. À un niveau supérieur d'éducation (au moins bac + 2), c'est un écart de 1 à 4 qui se creuse entre les taux de chômage des deux catégories en faveur des natifs (2 % chez les natifs contre 8 % chez les immigrés, alors même que ces derniers sont 18 % à posséder un niveau d'étude supérieur contre 16 % des natifs).

C'est un fait incontestable et documenté : être immigré ou descendant d'immigré en France constitue un risque accru de chômage, toutes choses égales par ailleurs, et ce risque est encore augmenté par le fait de résider dans un territoire défavorisé. Autrement dit, discriminations et ségrégation se nourrissent mutuellement pour contraindre le devenir social des populations immigrées en France.

Ce n'est donc pas un « grand remplacement » qu'il faut redouter, mais un « grand appauvrissement » qu'il faut déplorer, tant est grand le gâchis de compétences, de talents et d'envies de faire la France.

Mais ce constat factuel lui-même doit être dépassé pour souligner de quelles multiples manières l'immigration enrichit la France, au-delà des réalités économiques et de leur comptabilité monétaire : par la culture et les arts, par la langue, et jusque dans la manière d'être français, les immigrés rendent la France meilleure.

L'immigration engendre une charge sociale insoutenable

La social-xénophobie européenne l'ignore sans doute, et s'en défendrait, mais elle est d'inspiration anglo-saxonne : elle procède directement de l'idée, formulée dans la première moitié des années 2000 par des commentateurs anglais et américains, d'une supposée impossibilité de concilier diversité et solidarité, c'est-à-dire de construire entre des individus et des groupes d'origine ethnique différente des liens sociaux puissants et durables.

On trouve diverses versions de ce supposé « dilemme » dans la littérature grand public et académique. Pour Robert Putnam, politiste américain, plus la diversité « raciale* » grandit, plus la confiance entre les individus s'affaiblirait. Dans les communautés les plus diverses, les individus auraient moins confiance en leurs voisins, la diversité conduisant à l'anomie et à l'isolement social. Dans une veine plus économique, d'autres chercheurs soutiennent l'idée que la diversité ethnique, parce qu'elle rongerait le sentiment de solidarité, conduirait à une atrophie de l'État-providence : la redistribution au moyen des politiques sociales et des services publics supposerait l'homogénéité ethnique. Ces hypothèses de travail politiquement

---

* L'adjectif est ici à comprendre au sens du recensement américain, qui distingue les origines ethniques de ses citoyens, par exemple l'origine hispanique, sous le vocable de « race ».

douteuses sont loin d'être empiriquement avérées et paraissent très fragiles quand on les examine de près.

Cela n'empêche pas la social-xénophobie de tenter de les acclimater au Vieux Continent et de prétendre que l'Europe ne peut plus accueillir de nouveaux migrants sans voir s'effondrer un jour prochain ses systèmes sociaux, déjà mis à contribution pour intégrer les arrivants antérieurs. Cette idée est fausse : il n'y a nul « arbitrage » intangible entre diversité et solidarité, pour la simple et bonne raison que les immigrés sont des contributeurs nets aux budgets sociaux, en France comme dans la très grande majorité des pays développés. Plus d'immigration correspond donc à davantage de protection sociale pour tout le monde.

Détaillons le cas français. La contribution nette globale de l'immigration au budget des administrations sociales, résultant de l'addition des cotisations versées et des prestations reçues au long de la vie, a été estimée à 3,9 milliards d'euros pour l'année 2005. Parce que les

NOS MYTHOLOGIES ÉCONOMIQUES

immigrés sont plus jeunes en moyenne que la population qui les accueille, ils contribuent davantage aux régimes de retraite et santé qu'ils ne perçoivent d'eux tout au long de leur vie.

Mais, comme on l'a déjà noté, la seule contribution monétaire est bien trop limitée pour apprécier les bénéfices qu'apportent à la France ses immigrés. Et il serait parfaitement abject de tolérer les populations immigrées en Europe au seul nom de leur contribution à la soutenabilité des régimes de retraite !

De même, il convient de rappeler que des aides sociales comme l'aide médicale d'État (AME), sur laquelle les ultraconservateurs concentrent leurs attaques, devraient être une fierté pour la France, même si cette dernière suppose un coût, qui peut augmenter, comme c'est le cas ces dernières années en fonction des afflux migratoires liés au contexte géo-politique de notre voisinage*. Les étrangers,

---

* Contexte géopolitique marqué par exemple par l'effon-drement de la Libye, auquel la France n'est pas étrangère.

comme les immigrés, ne doivent pas être acceptés parce qu'ils sont économiquement rentables, mais parce qu'ils enrichissent la France de mille manières. Le mythe économique est ici aussi trompeur sur le fond que sur la forme.

Le « pauvre Blanc du périurbain » est le grand oublié des politiques territoriales

Parmi les histoires que la France aime à se raconter au sujet de sa géographie, la légende des « territoires oubliés » de la République (par opposition aux « territoires perdus » que seraient les banlieues) est une de celles qui ont rencontré le plus d'écho dans la période récente. Or elle repose largement sur une mythologie économique qui se double pour la circonstance d'une mythologie cartographique.

Résumons la thèse à grands traits : les véritables territoires en souffrance de l'espace économique et social français ne seraient pas, comme le pense l'opinion commune, les zones urbaines sensibles (c'est-à-dire les « banlieues », même si certaines d'entre elles sont en réalité situées dans les centres urbains), mais les zones périurbaines. Les habitants de l'espace périurbain auraient été progressivement délaissés par les politiques publiques, tandis que les banlieues, apparemment démunies, seraient en fait inondées de moyens financiers. Il conviendrait donc de réorienter les ressources nationales consacrées à l'égalité des territoires vers ceux qui en ont le plus besoin, qui se trouvent être ceux dont les habitants le « méritent » le plus : les autochtones à peau blanche de la « France périphérique ».

On retrouve très exactement ici le dilemme entre diversité et solidarité évoqué à la partie précédente, dont découle la nécessité de réserver l'État-providence et les services publics aux natifs par opposition aux immigrés et aux étrangers. S'y ajoutent un soupçon de géographie et une bonne louche de ressentiment social.

Comment comprendre l'idée baroque selon laquelle les zones urbaines sensibles (ZUS) seraient favorisées par la puissance publique et au fond agréables à vivre? Un indice de cette aménité serait la mobilité résidentielle, qui y est en effet forte. Elle prouverait que nous n'avons pas affaire à des ghettos, supposant l'enfermement l'urbain, mais à des zones urbaines ouvertes et fluides. Il est pour le moins singulier de mesurer la qualité de vie d'un quartier à l'envie de ses habitants de le quitter!

Mais le démenti le plus évident de ce mythe économique réside dans les données publiques qui donnent un aperçu de la vie des habitants des 750 zones urbaines sensibles*, et qui montrent à quel point elles sont défavorisées par rapport au reste du pays. Le dernier rapport de l'Observatoire national des zones urbaines sensibles, publié en mai 2015, indique ainsi que les 4,5 millions

---

* Dont la liste fut arrêtée pour la première fois en 1996 et amendée depuis.

d'habitants de ces territoires connaissent un taux de pauvreté trois fois supérieur à celui du reste de la population française, un taux de chômage deux fois supérieur pour les jeunes et deux fois et demi supérieur pour les adultes. Chômage et pauvreté y ont plus augmenté qu'ailleurs en France sous l'effet de la récession de 2008-2009 et des années de faible activité économique qui ont suivi. Il ne fait donc aucun doute que les habitants des zones urbaines sensibles sont des citoyens laissés pour compte.

Ce mythe se dissipe complètement quand on lui applique sa propre logique : il faudrait, dit-on, une nouvelle carte de la pauvreté afin de faire apparaître la véritable France qui souffre, à l'ombre des critères officiels conçus pour favoriser les banlieues où les immigrés sont surreprésentés. Cet exercice a justement été conduit de manière très minutieuse lors de la réforme des critères des quartiers prioritaires en février 2014, et leur remplacement par un indicateur unique de pauvreté : à 90 %,

LA MYTHOLOGIE SOCIAL-XÉNOPHOBE

la nouvelle carte des quartiers prioritaires* est similaire à la précédente.

Le « pauvre Blanc du périurbain » ne nous aide donc en rien à comprendre les défis bien réels de l'égalité des territoires dans la France du XXIᵉ siècle. En concentrant l'attention sur la localisation « périphérique » des quartiers en souffrance, ce mythe passe complètement sous silence la question de la ségrégation dans les espaces urbains eux-mêmes. Il néglige aussi la pluralité des critères (santé, éducation, environnement, etc.) qui permettent de comprendre l'ampleur des inégalités dont sont victimes les territoires défavorisés, en ne voulant voir que la couleur de la peau de leurs habitants.

* Ceux-ci sont désormais définis par un nombre minimal d'habitants et « un écart de développement économique et social apprécié par un critère de revenu des habitants » (« cet écart est défini par rapport, d'une part, au territoire national et, d'autre part, à l'unité urbaine dans laquelle se situe chacun de ces quartiers, selon des modalités qui peuvent varier en fonction de la taille de cette unité urbaine »). Ils comptent 4,7 millions d'habitants.

Il est impossible d'intégrer socialement les immigrés pour des raisons culturelles

Le dernier mythe social-xénophobe qu'il importe de considérer et de déconstruire consiste à faire croire qu'il ne sert à rien de consacrer des moyens publics importants à l'intégration des immigrés, en particulier via le système scolaire, car ceux-ci ne veulent pas s'intégrer quand on leur en donne la chance.

Revenons sur la véritable singularité française en matière d'immigration par rapport à d'autres pays comparables : les descendants d'immigrés y sont plus nombreux que les immigrés. Autrement dit, ce ne sont pas des vagues déferlantes de migrants venus de nulle part dont il faudrait se préoccuper, mais du destin des jeunes bien de chez nous qui peinent à s'accomplir socialement. Un des paradoxes de cette situation est que, lorsqu'on la compare à d'autres pays, la France a plutôt tendance à favoriser l'accès à la nationalité, mais contraint ensuite fortement l'intégration sociale.

LA MYTHOLOGIE SOCIAL-XÉNOPHOBE

On peut souligner l'importance de deux défis entrecroisés sur ce sujet : l'école et l'emploi. Sur ces deux fronts décisifs de l'intégration sociale, les études disponibles sont riches de deux enseignements : les enfants d'immigrés sont capables de faire aussi bien que les natifs, mais à condition d'en avoir les moyens.

Les travaux de l'Insee montrent bien, en effet, qu'à niveau social comparable les enfants des familles d'immigrés réussissent mieux leur parcours scolaire et connaissent des parcours d'emploi très proches des natifs. Le lieu d'origine des familles lui-même devient secondaire dans la réussite scolaire dès lors que le niveau social est pris en considération. Le déterminant « culturel », qui est censé être la loi d'airain séparant ceux qui veulent vraiment s'en sortir de ceux qui font semblant, s'efface donc presque entièrement dans le parcours d'intégration au profit des logiques sociales.

Mais l'ampleur des discriminations et de la ségrégation empêche justement que les choses soient « égales par ailleurs » : les immigrés français sont inégaux par ailleurs. Le problème n'est pas que les enfants et petits-enfants d'immigrés soient devenus, du fait de leur origine, inassimilables alors que les générations qui les ont précédés l'étaient ; c'est que les personnes immigrées ou issues de l'immigration n'ont aujourd'hui pas les mêmes chances que les autres de pouvoir s'émanciper de leur origine pour devenir *socialement* françaises alors qu'elles le sont juridiquement dans leur vaste majorité, ce qui peut conduire à enfermer leurs enfants dans des identités de substitution. Cette discrimination frappe en particulier les descendants d'immigrés d'Afrique, dont 60 % seulement ont un emploi contre plus de 80 % pour les descendants d'immigrés d'Europe du Sud. La France ne doit pas seulement reconnaître qu'elle est diverse : elle doit accomplir sa diversité en investissant dans l'intégration.

3
La mythologie écolo-sceptique

L'écologie politique est aujourd'hui mal
en point en Europe et en France, après avoir
connu une période faste autour du milieu
des années 2000. La grande récession de 2009
combinée à la grande déception du sommet
de Copenhague sur le climat la même année
a affaibli les partis verts partout en Europe, là
où ils sont nés dans les années 1960. Même
en Allemagne, où les écologistes ont fait leur
entrée au Parlement en 1983 – pour la première
fois au monde – et où ils sont plus puissants
que nulle part ailleurs, leur influence nationale
décline.

On pourrait croire ou espérer que ce recul apparent masque une progression réelle des enjeux écologiques dans les partis de gouvernement et l'opinion publique : les écologistes seraient en recul parce que tout le monde serait devenu écologiste. Mais ce repli est bien plutôt une régression, sous l'effet d'une crise sociale qui n'en finit plus et d'une idéologie du dénigrement dans laquelle les mythologies économiques jouent un rôle éminent. Cet écolo-scepticisme persistant, qui fait bon marché des avancées civiques des années 1960 et 1970 ainsi que des progrès scientifiques accomplis depuis les années 1980, se présente sous la forme d'une échelle graduée de mauvaise foi.

On commence généralement par prétendre que les crises écologiques sont exagérées à des fins idéologiques, puis on affirme que, quand bien même leur gravité serait avérée, elles trouveront leur résolution naturelle au moyen des marchés et par la grâce de la croissance, avant de soutenir que, si tel n'était pas le cas, le coût économique et politique de leur atténuation serait de toute façon prohibitif.

Cette stratégie rhétorique n'est pas sans rappeler la parabole du chaudron percé imaginée par Freud dans *Le Mot d'esprit et sa relation à l'inconscient*: soit un individu qui a emprunté à un autre un chaudron et le lui restitue percé d'un grand trou qui rend l'objet hors d'usage. L'emprunteur se défend par ces arguments successifs:

1. – « je n'ai jamais emprunté de chaudron » (les crises écologiques n'existent pas) ;

2. – « j'ai rendu le chaudron intact » (elles existent, mais la croissance et le marché nous en préserveront) ;

3. – « le chaudron était déjà percé lorsque je l'ai emprunté » (les deux mensonges précédents sont dévoilés, mais dissimulés derrière un troisième : les crises écologiques sont bien réelles, le marché et la croissance ne suffiront pas à les atténuer, mais aller au-delà affaiblirait notre économie voire notre démocratie).

NOS MYTHOLOGIES ÉCONOMIQUES

On retrouve cette ligne argumentative, à quelques nuances près, chez les climato-sceptiques, qui ont dû modifier la nature de leur dénégation depuis le début des années 1980, à mesure que progressaient les connaissances scientifiques : « le changement climatique n'existe pas » (années 1980) ; « il existe, mais il est d'origine naturelle » (années 1990) ; « il existe du fait de l'homme, mais les marchés de l'énergie permettront de résoudre cette crise » (années 2000) ; « aller au-delà représenterait un coût économique et politique insupportable » (années 2010).

Résultat : nous perdons un temps précieux à remonter le temps vers des arguments dépassés, sans jamais pouvoir nous poser les bonnes questions pour l'avenir, comme celle des causes et des conséquences sociales des crises écologiques. C'est précisément le but de la mythologie écolo-sceptique : retarder par tous les moyens l'heure des choix, qui a pourtant bel et bien sonné.

LA MYTHOLOGIE ÉCOLO-SCEPTIQUE

Nos crises écologiques sont exagérées à des fins idéologiques

Le premier mythe écolo-sceptique consiste à minimiser la portée des travaux scientifiques qui nous alertent sur la gravité des crises écologiques depuis une trentaine d'années, en prétendant que la biosphère a toujours été en crise. Rien ne serait vraiment nouveau sous le soleil.

Bien entendu, et personne ne le nie, le climat a déjà changé dans la longue histoire de la planète, et parfois brutalement. Mais, précisément, ces changements ont eu des conséquences profondes sur les espèces qui peuplaient alors la Terre. Est-ce si réconfortant de penser que notre planète qui est notre habitat fut il n'y a pas si longtemps une boule de feu ou une vaste étendue glacée? N'est-ce pas au contraire au nom même de la connaissance de ces convulsions climatiques passées que nous devrions tenter d'atténuer celles qui s'annoncent au XXIe siècle?

De la même manière, et les biologistes nous le disent expressément, l'extinction de la biodiversité en cours n'est pas la première. Mais les précédentes, quand elles sont survenues, se sont soldées par une destruction de la quasi-totalité des espèces qui avaient su évoluer jusque-là. La triple crise écologique que nous vivons (climat, biodiversité et écosystèmes) se traduira par une dégradation de l'hospitalité de la planète pour les humains – elle a déjà en partie commencé. Non seulement les crises écologiques contemporaines sont spéciale-ment graves, mais elles sont particulièrement rapides : elles se produisent à un rythme qui ne permet pas l'adaptation à ces conditions nou-velles, pour certaines complètement inédites. Le retour en arrière vers l'histoire longue de la planète ne minimise en rien les connaissances scientifiques dont nous avons la chance de dis-poser : il renforce encore leur portée.

Au bout de ces arguments fallacieux, on trouve l'idée saugrenue que, puisque les cher-cheurs du monde entier n'ont pas à cœur le progrès scientifique, ils doivent s'être ligués contre le libéralisme pour tenter de faire renaître de ses cendres le dirigisme étatique, abandonné à la fin des années 1970. L'écologie serait le grand complot gauchiste qui voudrait en finir avec le capitalisme débridé. Si seulement... Ce n'est pas la crainte de ces crises qui va nous contraindre à modifier en profondeur nos systèmes économiques, c'est leur réalité, et les marchés et la croissance n'y suffiront pas.

Les marchés et la croissance sont les véritables solutions à l'urgence écologique

La croyance selon laquelle l'ingéniosité humaine viendra à bout de tous les défis apparaît au premier abord éminemment sympathique : qui ne voudrait pas être convaincu que notre espèce se tirera de tous les mauvais pas, y compris ceux où elle s'est d'elle-même jetée ? Le discours devient beaucoup moins aimable quand on comprend qu'il vise à préserver le statu quo économique. Ainsi, le fonctionnement spontané des marchés parviendrait à résoudre mécaniquement les crises écologiques sans l'intervention (forcément nuisible) de la puissance publique (via le système fiscal par exemple). Rappelons que l'application de cette hypothèse dite des « marchés efficients » aux questions financières ne s'est pas soldée par un succès éclatant dans les années récentes…

Partons de la situation actuelle sur le marché du pétrole : peut-on dire que les stratégies des acteurs en présence reflètent le danger croissant (y compris pour eux-mêmes) et désormais bien connu de la crise climatique, et que le prix fixé par les marchés incite à la nécessaire recherche de solutions alternatives ? C'est exactement le contraire qui se passe : le prix du pétrole, qui a fortement et soudainement chuté entre 2014 et 2015, constitue un frein puissant au développement des énergies renouvelables, dont le prix a pourtant fortement baissé. Les marchés entravent dans les faits une transition

LA MYTHOLOGIE ÉCOLO-SCEPTIQUE

énergétique qu'ils sont censés favoriser en théorie.

L'explication en est assez simple : la demande mondiale d'hydrocarbures s'est affaissée en 2014 sous l'effet notamment du ralentissement économique chinois, tandis que, du côté de l'offre, l'Organisation des pays exportateurs de pétrole (Opep), emmenée par l'Arabie Saoudite, refuse de réduire sa production (le royaume saoudien étant engagé dans un double bras de fer avec les États-Unis, à la fois sur la question des pétroles de schiste, dont le développement soutient l'offre mondiale mais concurrence le pétrole conventionnel, et sur celle du renversement d'alliance en faveur de l'Iran). Le prix du pétrole s'effondre donc, entraînant avec lui la rentabilité de nombreux secteurs de l'économie verte.

Ces enjeux ne sont pas négligeables (et ils illustrent une fois de plus l'entremêlement de l'économique et du politique sur des marchés prétendument concurrentiels), mais ils sont sans rapport avec le changement climatique, qui les dépasse tous en importance. En clair, il ne faut pas compter sur le marché du pétrole pour émettre de lui-même le signal prix qui permettra de sortir de la crise climatique.

Autre marché de l'énergie fossile largement dysfonctionnel du point de vue écologique : celui du charbon. La consommation colossale des pays émergents (la Chine surtout, mais aussi de plus en plus l'Inde) a fait de cette source majeure d'émissions de gaz à effet de serre la première pollution mondiale, devant le pétrole. Son faible prix est sans rapport avec son double coût, environnemental et sanitaire. Sans des décideurs publics résolus à saisir à bras-le-corps ces deux enjeux, le marché du charbon continuera de polluer localement et globalement, causant la mort et des maladies chez des millions d'Asiatiques et aggravant les crises écologiques au lieu d'aider à les résoudre.

De même que les marchés ne trouveront pas spontanément le bon prix écologique des énergies fossiles (bien plus élevé que le prix actuel),

LA MYTHOLOGIE ÉCOLO-SCEPTIQUE

la poursuite du développement économique ne permettra pas de manière mécanique l'arrêt des dégradations environnementales. Ce vieux mythe a pourtant la vie dure, et on l'a vu encore récemment faire la une de l'hebdomadaire *The Economist** alors qu'il a été démenti par quantité de travaux académiques et d'expériences de terrain.

Le raisonnement repose sur la courbe de Kuznets, du nom de l'économiste qui, dans les années 1950, a postulé l'existence d'une courbe en cloche entre développement économique et inégalités de revenu. Appliquée à l'environnement, cette théorie donnerait le raisonnement suivant : le développement économique (dont le niveau est mesuré par le revenu par habitant) résoudrait les problèmes environnementaux de lui-même au bout d'un moment, après une phase initiale de dégradation. Les émissions de gaz à effet de serre seraient ainsi

---

* « Comment la croissance économique va empêcher l'extinction des espèces », *The Economist*, 24 septembre 2013.

censées d'abord augmenter, puis atteindre un pic, avant de diminuer sous l'effet de la modernisation de l'appareil productif engendrée par l'accroissement du niveau de vie. Il en irait de même pour l'ensemble des dégradations environnementales.

On voit bien tous les doutes que soulève une telle hypothèse. Pour commencer, les émissions de gaz à effet de serre ne diminuent pas miraculeusement à partir d'un certain seuil de richesse économique ; elles continuent au contraire d'augmenter (très peu de pays dans le monde sont parvenus à faire baisser leurs émissions en poursuivant leur développement économique). De plus, la baisse des émissions dans un pays donné, comme la France, ne signifie pas que les émissions disparaissent, mais plutôt qu'elles sont transférées ailleurs sur la planète (il y a un écart important entre les émissions comptabilisées selon leur origine territoriale et leur utilisateur final , de l'ordre de 30% dans le cas français). Enfin, et c'est peut-être le plus important, la crise climatique

LA MYTHOLOGIE ÉCOLO-SCEPTIQUE

peut devenir incontrôlable une fois franchi un certain seuil d'émissions même si celles-ci se trouvent dans une phase descendante.

Les dégradations environnementales ne peuvent donc se réduire ni à un défaut ni à un excès de développement économique : c'est fondamentalement d'un défaut de développement humain et d'une carence de « bonnes institutions » qu'elles résultent. Les crises écologiques ne pourront s'atténuer à un niveau acceptable pour le bien-être humain qu'avec la réorientation des systèmes de production et de consommation vers de nouveaux objectifs communs, ce qui suppose des décisions démocratiques conscientes, et non des automatismes économiques miraculeux. Il apparaît donc clairement en ce début de XXIe siècle que la croissance (du PIB) ne nous permettra pas de faire face aux deux crises majeures de notre temps : la crise des inégalités et les crises écologiques.

Dans une veine analogue, il convient de dissiper l'illusion d'une transition écologique spontanée grâce à la technologie. Les innovations technologiques joueront un rôle positif si elles sont mises en mouvement par un système de prix contrôlé démocratiquement (c'est ce que l'on observe avec la transition énergétique en Allemagne). Par ailleurs, les innovations sociales, notamment au niveau local, jouent et joueront un rôle au moins aussi important que les innovations technologiques pour accélérer la transition (on pense ici aux différentes formes de l'économie véritablement collaborative).

Mais comment aller au-delà des incitations économiques et des mécanismes de marché, et contraindre les comportements humains sans renoncer ni au libéralisme politique ni à la démocratie ?

On ne peut pas changer les comportements économiques sans renoncer au libéralisme

C'est un fait : la démocratie libérale a pour ambition de protéger les libertés individuelles

LA MYTHOLOGIE ÉCOLO-SCEPTIQUE

et d'interférer le moins possible dans les comportements et les attitudes des citoyens. Il ne s'agit pas de dire aux citoyens libres quoi faire ou quoi penser. Or la solution aux crises écologiques suppose incontestablement un changement radical et urgent de ces comportements et de ces attitudes. D'où l'inquiétude légitime d'un certain nombre de citoyens quant à la préservation de leur liberté, et les manipulations illégitimes de cette inquiétude par les mythologues contemporains, qui présentent les politiques environnementales sous un jour autoritaire.

Il existe en réalité quantité d'exemples de sociétés humaines dans lesquelles les comportements individuels ont effectivement évolué vers un progrès écologique et social sans qu'une quelconque « dictature verte » ait vu le jour.

Un exemple particulièrement parlant est celui du tri sélectif en France, devenu en à peine quinze ans le premier geste écologique des Français. Ces derniers trient aujourd'hui

NOS MYTHOLOGIES ÉCONOMIQUES

leurs déchets à près de 90 % en moyenne (avec des politiques et des pratiques territoriales très variables). Il s'agit, dans ce comportement parfaitement compatible avec la philosophie libérale, de la combinaison entre une loi commune et une responsabilité individuelle. Les progrès à accomplir en matière de recyclage et d'économie authentiquement circulaire (qui utilise notamment le déchet comme source d'énergie) sont bien entendu encore considérables, mais ils sont parfaitement possibles.

On peut citer de très nombreux cas de politiques environnementales efficaces qui ont préservé les libertés individuelles tout en mettant les sociétés sur la voie du bien commun par un système d'incitations, notamment économiques. C'est ainsi que le phénomène des « pluies acides » a été progressivement résorbé en Amérique du Nord. C'est aussi, au plan international, ce qui explique le succès retentissant du protocole de Montréal sur la couche d'ozone, qui préserve la souveraineté des États mais organise efficacement leur coopération

LA MYTHOLOGIE ÉCOLO-SCEPTIQUE

(on montre d'ailleurs que plus les traités internationaux font de place à la réciprocité et aux
principes de justice, mieux ils atteignent leur
but). L'écologie ne veut pas en finir avec le libéralisme politique tel qu'il a été imaginé à partir
du XVIIIe siècle ; elle a pour ambition de lui donner de la profondeur temporelle en permet-
tant aux systèmes démocratiques de sortir de
leur myopie afin d'être capables de voir de loin
comme de près. Ce faisant, les politiques environnementales peuvent aussi favoriser l'innovation et l'emploi.

*L'écologie est l'ennemie de l'innovation
et de l'emploi*

Sans faire preuve de dogmatisme, car il n'y
a pas ici plus qu'ailleurs de vérité économique
absolue, on peut montrer à partir d'études
sérieuses dans leur méthode et robustes dans
leurs résultats que les ambitions environnementales, telles que la transition énergétique

en France, sont parfaitement compatibles avec l'accélération de l'innovation et la hausse de l'emploi. Le mythe d'une écologie appauvrissante ne résiste pas à l'épreuve des faits.

Commençons par constater que les économies les plus régulées en matière environnementale sont parmi les plus dynamiques du point de vue de l'innovation, notamment la Finlande, la Suède et les Pays-Bas*. La raison en est que la contrainte environnementale (car il s'agit bien d'une contrainte, au même titre que l'objectif de justice sociale est une contrainte pour la politique éducative) peut devenir un levier de créativité.

Dans leur ensemble, les études portant sur le lien entre l'intensité de la réglementation environnementale (souvent mesurée par les coûts de mise en conformité) et l'innovation (mesurée notamment par les dépenses

* Aniel C. Esty et Michael Porter, « National environmental performance : an empirical analysis of policy results and determinants », *Environment and Development Economics*, 2005, p. 391-434.

de recherche et développement ou le nombre de brevets) concluent à une relation positive entre les deux, tout en soulignant son caractère variable, puisqu'elle dépend notamment de la nature des incitations économiques mises en œuvre*. En d'autres termes, dans les faits, la réglementation environnementale paraît stimuler l'innovation. Ce n'est guère surprenant si l'on considère la transition écologique non pas comme un étouffoir entrepreneurial, caricature complaisamment véhiculée en France, mais comme un défi pour l'intelligence, ce qu'elle est en réalité.

Qu'en est-il du lien entre transition écologique et emploi? On constate d'abord dans le cas français que les éco-activités créent davantage d'emplois que le reste de l'économie: de 2004 à 2010, on n'enregistre pas moins de

* Stefan Ambec, Mark A. Cohen, Stewart Elgie et Paul Lanoie, « The Porter Hypothesis at 20: Can Environmental Regulation Enhance Innovation and Competitiveness? », *Review of Environmental Economics and Policy*, première publication en ligne le 4 janvier 2013.

NOS MYTHOLOGIES ÉCONOMIQUES

20 % de croissance pour les emplois dans les « éco-activités » (gestion des ressources naturelles, etc.), soit 3 % par an contre 0,5 % pour le reste de l'économie (une croissance six fois plus rapide). Dans l'ensemble de l'Union européenne, on note une augmentation de 50 % de ces emplois entre 2000 et 2012, soit une hausse dix fois plus rapide que dans le reste de l'économie des pays membres. Mais l'enjeu de l'économie verte* est aussi prospectif : que peut-on attendre de la transition énergétique française en termes de créations d'emplois ?

Deux études récentes permettent de répondre à cette question. L'économiste Philippe Quirion montre que la mise en œuvre d'un scénario de réduction massive des émissions de gaz à effet de serre et de développement des énergies renouvelables aboutit à la création de près de 240 000 emplois en 2020 et 630 000 en

* Et non pas de la « croissance verte », le but ultime des sociétés humaines n'étant pas d'augmenter la croissance du PIB, qui ne reflète ni le bien-être humain ni ne conduit au développement soutenable.

94

2030 (comme il se doit, l'étude teste la sensibilité du scénario de transition à différentes hypothèses pour conclure à un effet nettement positif dans tous les cas de figure). Une autre étude, utilisant une méthodologie différente, conclut elle aussi que la transition énergétique présente un très fort potentiel de création d'emplois. L'étude de l'Ademe, réalisée à partir d'un modèle développé en collaboration avec l'OFCE, montre que la transition pourrait engendrer 330 000 nouveaux emplois en 2030 et 825 000 en 2050.

Comment comprendre ces prévisions, qui peuvent paraître exagérément optimistes? En considérant qu'un processus structurel tel que la transition énergétique induit simultanément des destructions d'emplois dans certains secteurs (comme la production et la distribution de combustibles fossiles) et des créations dans d'autres (notamment les énergies renouvelables et le transport collectif). C'est en faisant la somme des uns et des autres que l'on aboutit à l'idée d'une transition créatrice nette d'emplois. Pourquoi cette somme est-elle positive ? Essentiellement parce que l'intensité en travail des secteurs favorisés par la transition vers une économie bas carbone est plus forte que celle des secteurs défavorisés, cette transition améliorant au surplus la balance commerciale (dans la mesure où la France importe massivement ses énergies fossiles, y substituer des énergies renouvelables locales représente un gain économique net en plus d'un recouvrement de souveraineté).

Mais on ne saurait trop souligner l'importance dans le processus de transition énergétique, et plus largement écologique, des politiques publiques, et notamment de l'incitation fiscale : utilisée à bon escient, celle-ci permet de réduire le coût économique de ces lourdes transformations structurelles de nos systèmes de production. Une question essentielle est donc l'instauration via le système fiscal de « vrais prix » qui sont autant de puissants vecteurs pour modifier les comportements économiques.

LA MYTHOLOGIE ÉCOLO-SCEPTIQUE

Les pays nordiques font en la matière figure de référence, car ils ont su instaurer une fiscalité écologique bien avant les autres et l'ont portée au fil des années, notamment au Danemark et en Suède, à des niveaux plus élevés que n'importe où ailleurs dans le monde. Grâce au basculement vers l'énergie de la fiscalité pesant sur le revenu et le travail, la transition écologique a été, dans les pays nordiques, économiquement et socialement efficace.

L'exemple de la Suède parle de lui-même : de 1996 à 2006, alors que le poids de la fiscalité a diminué de 8 points sur le travail et augmenté de 12 points sur l'énergie, l'intensité énergétique de l'économie a baissé de 30 points, les émissions de gaz à effet de serre se sont réduites de 15 % et le taux de chômage a reculé de 9 % à 6 %. La transition écologique peut et, à vrai dire, doit aussi être une transition sociale.

La transition écologique est une affaire de riches synonyme d'injustice sociale

Pour finir, que penser du discours qui prétend que les préoccupations environnementales sont réservées aux classes sociales les plus aisées, qui seules bénéficieront de la transition écologique? Il est exact que les électeurs des partis écologistes sont plutôt, en moyenne, plus éduqués et plus riches que le reste de la population. Mais il ne faut pas confondre la réalité électorale de l'écologie avec sa réalité sociologique. Dans les faits, les plus pauvres sont plus frappés que les riches par les dégradations et les crises écologiques, et ont donc plus à gagner qu'eux à leur atténuation.

L'exemple dramatique de la canicule du printemps 2015 en Inde l'a bien montré: ce sont les plus pauvres qui sont massivement frappés par les températures insoutenables, car ce sont eux qui sont contraints de travailler en plein soleil le jour et de dormir en pleine rue la nuit, tandis qu'ils ont moins que les autres accès aux ressources hydrauliques, alimentaires et sanitaires. Et cette différenciation sociale de l'impact des crises écologiques est valable dans les pays en développement comme dans les pays riches.

Autant il est vrai que les inégalités sociales nourrissent les crises écologiques, autant ces crises écologiques aggravent en retour les inégalités sociales. La récente encyclique du pape François, *Loué sois-tu*, évoque justement à ce sujet « une seule crise » : « Il est fondamental de chercher des solutions intégrales qui prennent en compte les interactions des systèmes naturels entre eux et avec les systèmes sociaux. Il n'y a pas deux crises séparées, l'une environnementale et l'autre sociale, mais une seule et complexe crise socio-environnementale. »

C'est donc une « transition social-écologique » qu'il faut inventer, où les questions économiques, sociales et économiques seraient pensées ensemble, à commencer par le rapport entre crise des inégalités et crises écologiques, et où de nouveaux risques seraient reconnus, mutualisés et domestiqués par de nouvelles institutions. Il est de la responsabilité des formations écologistes et de tous les autres partis et associations de penser cette imbrication social-écologique et de concevoir des politiques publiques capables de répondre aux défis nouveaux qu'elle pose*.

* Sur cet enjeu social-écologique, on se permettra de renvoyer le lecteur intéressé à Éloi Laurent, *Le Bel Avenir de l'État-providence*, Paris, Les Liens qui libèrent, 2014.

Épilogue

Dans ses *Mythologies*, Roland Barthes montre comment certains objets de consommation (voitures, détergents, etc.) se nourrissent des grands mythes humains qui peuvent ainsi être instrumentalisés à des fins marchandes. Le pouvoir économique, depuis l'avènement de la société industrielle et aujourd'hui encore, utilise la mythologie comme sésame pour pénétrer et coloniser les imaginaires. Mais, nouveauté fondamentale, il peuple désormais les esprits de ses *propres* mythes.

Barthes s'attache aussi, en conclusion de son ouvrage, à dévoiler les fonctions du mythe, et il parvient à une conclusion particulièrement éclairante : « Le mythe est une parole dépolitisée. » Les mythes forment ensemble de « fausses évidences » qui se présentent comme naturelles et organisent un monde « sans contradiction parce que sans profondeur ». La fonction du mythe est autant de mettre en lumière que de passer sous silence.

C'est précisément ce que l'on voit à l'aune des quinze illustrations proposées dans ce livre : les mythes économiques contemporains, qui ont colonisé les esprits, ont pour fonction principale de détourner l'attention des citoyens des véritables enjeux dont ils devraient se soucier et débattre. Nos mythologies économiques sont des mystifications politiques.

On ne pourra donc pas les dissiper seulement en les démentant, ce que cet ouvrage a tenté de faire. De même qu'une théorie n'est pas démentie par des faits, mais par une autre théorie, il faut qu'une parole politisée fasse retour pour que le charme des mythologies économiques soit enfin rompu. Hélas, ce

ÉPILOGUE

retour s'opère en Europe et en France, sous la forme de la fièvre identitaire. Les mythologies économiques qui désenchantent notre monde ont engendré, ou plutôt réveillé, des mythologies culturelles qui sont encore plus dangereuses qu'elles.

C'est pourquoi il est indispensable de s'atteler à la construction de nouveaux récits communs positifs, dans l'esprit de la mythologie grecque, où la raison et le rêve, sur un pied d'égalité, se nourrissent mutuellement pour donner sens à l'existence humaine. Vaste et beau programme.

Table

Prologue   9

1. La mythologie néolibérale   15

*Une économie de marché dynamique repose
sur une concurrence libre et non faussée*   17

*Il faut produire des richesses avant de les
redistribuer*   30

*L'État doit être géré comme un ménage, l'État
doit être géré comme une entreprise*   37

*Les régimes sociaux sont financièrement
insoutenables*   42

*Les « réformes structurelles » visant à
augmenter la « compétitivité » sont la clé de
notre prospérité*   45

2. La mythologie social-xénophobe 53

Les flux migratoires actuels sont incontrôlables et conduiront sous peu au « grand remplacement » de la population française 56

L'immigration représente un coût économique insupportable 60

L'immigration engendre une charge sociale insoutenable 63

Le « pauvre Blanc du périurbain » est le grand oublié des politiques territoriales 67

Il est impossible d'intégrer socialement les immigrés pour des raisons culturelles 72

3. La mythologie écolo-sceptique 75

Nos crises écologiques sont exagérées à des fins idéologiques 79

Les marchés et la croissance sont les véritables solutions à l'urgence écologique 81

On ne peut pas changer les comportements économiques sans renoncer au libéralisme 88

L'écologie est l'ennemie de l'innovation et de l'emploi 91

La transition écologique est une affaire de riches synonyme d'injustice sociale 98

Épilogue 101

Si vous souhaitez être tenu informé des parutions
et de l'actualité des éditions Les Liens qui Libèrent,
visitez notre site :
http://www.editionslesliensquiliberent.fr

Achevé d'imprimer en janvier 2016
par Normandie Roto Impression s.a.s. à Lonrai
Dépôt légal : février 2016
N° impr : 1505832
Imprimé en France